AF468673

PRÉCIS

POUR Me. JEAN-PIERRE PÉCHEUR, Procureur au Bailliage, en qualité de Curateur établi par Justice à la substitution portée au testament de Samuel-Jonas Lévi, Juif de cette Ville, *Intimé*;

CONTRE

SALOMON-DAVID ALPHEN, & JONAS-GARÇON LÉVI, tous deux Juifs habitans de cette Ville, Appellans;

ET contre RECHLÉ LÉVI, femme dudit Alphen, Intervenante.

IL n'est pas difficile de déviner le motif qui a décidé Samuel-Jonas Lévi à substituer aux enfans de sa fille la somme de 25000 livres qu'il lui a léguée.

Pere affectionné à sa famille, connoissant les loix de sa nation, il ne vouloit pas, dans le cas que sa fille décéderoit avant son mari, que celui-ci recueillît, comme héritier de sa femme, le bénéfice du legs au préjudice de ses petits-enfans.

Gêné par cette substitution, Salomon-David Alphen fait les plus grands efforts pour la faire tomber; il éleve questions sur questions; il prétend que la substitution est une chimere; il soutient qu'elle seroit contraire, si on la supposoit, aux usages des Juifs, enfin que son beau-pere n'avoit ni le pouvoir, ni la liberté de l'ordonner.

Les doutes qu'il a tâché de répandre sur l'existence & la validité de la ſubſtitution qu'il attaque, trouveront leur ſolution dans le teſtament dont Me. Pécheur demande l'exécution, dans les coutumes adoptées & ſuivies par la nation, & ce qui eſt plus relevant & plus déciſif encore, c'eſt que Salomon-David Alphen a lui-même expreſſément accepté le teſtament qui le greve.

FAIT.

Du mariage de Samuel-Jonas Lévi & Blimlé Zay, ſont nés un fils & une fille, Garçon Lévi & Rachel Lévi.

Le 8 août 1747 il y eut traité de mariage entre Rachel Lévi & Salomon-David Alphen, par lequel la future épouſe fut dotée de 15000 livres payées comptant.

Dans le cours de la même année 1747, Samuel-Jonas Lévi & ſa femme avoient donné un acte de rappel à Rachel Lévi leur fille, ils avoient conſtitué à ſon profit une obligation de 30,000 écus payable une heure avant leur décès, ſi mieux n'aimoient les enfans mâles qui exiſteroient à cette époque, donner à leur ſœur ou à ſes deſcendans une demi-portion de mâle dans leur ſucceſſion.

Blimlé Zay eſt décédée la premiere, Samuel-Jonas Lévi ſon mari a joui du privilege de la loi des juifs; il a recueilli tous les biens de ſa femme, & eſt devenu le débiteur des 30,000 écus portés dans l'acte de rappel.

Garçon Lévi a auſſi été établi; on ignore ce qui lui a été donné en dot; il y a lieu de croire que ſon mariage, comme celui de ſa ſœur, a été précédé d'un contrat.

Le pere commun eſt décédé au mois de décembre 1777, après avoir fait deux teſtamens, l'un en langue hébraïque du 30 novembre, l'autre reçu par des Notaires, & rendu en langue françoiſe le premier décembre ſuivant.

Par le premier, le teſtateur *donne à ſa fille Rachel, de ſes biens la ſomme de 25000 livres; ſavoir à elle & à ſes deſcendans expreſſément, & non à ſes héritiers....*

Le tranſlat du teſtament hébraïque produit par Salomon-David Alphen, eſt différent de celui produit par Me. Pécheur;

celui-ci énonce que les 25000 livres sont données *à Rachel Lévi & à ses descendans*, & celui-là, que le legs est fait *à Rachel Lévi ou à ses descendans.* Il faudra vérifier laquelle des deux versions est la plus fidele; par l'une la mere & les enfans sont conjoints *re & verbis*, & par l'autre, le legs est fait *à la mere ou à ses descendans.*

Si la mere & les enfans sont associés au legs de 25000 livres, il deviendra nécessaire d'interpréter cette disposition.

Le testament rédigé en françois est postérieur à celui rédigé en caracteres hébraïques, le testateur *donne à sa fille Rachel une somme de 25000 livres, qui aprés son décès retournera à ses descendans en ligne directe seulement, sans que le présent legs déroge à l'acte de rappel qui lui avoit été traduit lors de son mariage.*

Si on doit juger de l'intention de Samuel-Jonas Lévi par les actes qui manifestent ses dernieres volontés, il est évident que soit que l'on consulte séparément les deux testamens, soit qu'on les rapproche, le testateur vouloit que la somme de 25000 liv. qu'il léguoit à sa fille, fut partagée entr'elle & ses descendans, ou si elle en jouissoit pendant sa vie, la propriété en fut transmise à ses petits-enfans exclusivement à tous autres héritiers.

Le testament reçu par les Notaires a été publié le 5 décembre 1777, en présence de Rachel Lévi, fille & légataire du défunt, qui, *autorisée* par Salomon-David Alphen son mari, aussi présent *a déclaré, conjointement avec lui, qu'ils acceptoient chacun en ce qui les concernoit, le testament dont lecture avoit été faite pour être de leur part exécuté selon sa forme & teneur.....*

Lors de l'acceptation pure & simple du testament, Salomon-David Alphen figuroit sous une double qualité, l'une comme mari de Rachel Lévi qui étoit sous sa puissance & qu'il a autorisée à l'effet d'accepter le testament de son pere; l'autre en qualité d'exécuteur testamentaire, commission qu'il partageoit avec Jonas-Garçon Lévi son neveu, petit-fils du testateur.

Les exécuteurs testamentaires n'ont pas négligé de faire procéder à un inventaire des biens meubles & effets mobiliers de la ſucceſſion de Samuel-Jonas Lévi, & cette formalité remplie, ils ont, diſent-ils, conſulté Me. Cunin, Conſeil indiqué par le teſtateur, & Me. Dumont, pour ſavoir s'il y avoit ſubſtitution établie ſur le legs de 25000 livres fait à Rachel Lévi, ils ajoutent que d'après l'avis de ces deux Juriſconſultes éclairés, qui ont unanimement penſé que les deſcendans de Rachel Lévi n'avoient aucun droit ſur le legs, on avoit délivré tant à elle qu'à ſon mari la ſomme léguée, & qu'il en avoit été donné décharge à Jonas-Garçon Lévi, co-exécuteur teſtamentaire.

En 1783, Simon-Salomon Alphen, fils de Salomon-David Alphen & de Rachel Lévi, l'un des deſcendans mâles de Samuel-Jonas Lévi, s'étoit pourvu contre ſes pere & mere, prétendant qu'il devoit être réparti dans la ſomme de 25000 livres éguée à ſa mere.

Il eſt étonnant qu'ayant en main la conſultation de Mes. Cunin & Dumont, David Alphen & ſa femme aient molli.

Ils devoient repouſſer avec confiance la tentative de leur fils, & cependant ils ont pris le parti de tranſiger avec lui, ils n'auroient pas dû communiquer cet accord qui prouve aſſez qu'ils ne regardoient pas la ſubſtitution faite par leur pere & beau-pere comme caduque.

En effet, après avoir fait déclarer dans la tranſaction qui eſt du 23 octobre 1783, par Simon-Salomon Alphen, qu'il approuve la délivrance de la ſomme de 25000 livres faite par les exécuteurs teſtamentaires à Rachel ſa mere, après l'avoir fait conſentir à ce que ſes pere & mere en fiſſent l'emploi ainſi qu'ils jugeroient à propos, cette faculté eſt néanmoins reſtrainte à ce qu'ils faſſent valoir les 25000 livres pendant leur vie, ſans que lui Alphen fils put les inquiéter, demander compte de l'emploi, faire établir curateur à la ſubſtitution, ſe réſervant, après le décès de ſes pere & mere, à exercer ſur la ſucceſſion du ſurvivant ſeulement les droits qui réſultoient en ſa faveur du teſtament de ſon ayeul; les défenſes néanmoins réſervées au contraire, pour prix des déclarations faites par Simon-Salomon Alphen, on lui délivre comptant la ſomme de 3000 livres qui ſeroient imputée ſur la part qui devoit lui revenir dans les 25000 livres après le décès de ſes pere & mere. Il eſt dit que la délivrance des 3000 livres ne pourra jamais être conſidérée comme une reconnoiſſance de la ſubſtitution, contre laquelle Salomon-David Alphen a ſes proteſtations les plus expreſſes.

Par le même acte Jonas-Garçon Lévi, co-exécuteur teſtamentaire eut ſoin de ſe faire donner décharge des 25000 liv. payées à Rachel Lévi & à ſon mari, & pour plus grande ſûreté, on fit accéder la femme de Simon-Salomon Alphen, qui comme ſéparée de biens d'avec ſon mari, pouvoit prétendre avoir quelque droit à exercer ſur la part qu'il devoit prendre ſur la ſubſtitution.

Quand il y auroit de l'incertitude ſur la queſtion de ſavoir ſi Samuel-Jonas Lévi avoit voulu faire paſſer à ſes petits-enfans en ligne directe ſeulement les 25000 livres données à ſa fille, la convention faite entre Salomon-David Alphen & ſon fils ſuffiroit pour démontrer que le premier ne pouvoit méconnoître la ſubſtitution ſans quoi il ſe ſeroit bien gardé de pactiſer dans les termes qu'il l'a fait, bien moins encore auroit-il conſenti à payer à ſon fils, par avance ſur cette ſubſtitution, les 3000 livres qui lui ont été payées comptant.

Les arrangemens faits entre Salomon-David Alphen, ſa femme, & leurs fils ne pouvoient donner aucune atteinte à la ſubſtitution, s'il y en avoit une, Simon-Salomon Alphen, n'étoit pas le ſeul deſcendant qui dût un jour avoir ſa part dans la ſomme de 25,000 livres; il a des freres & ſœurs qui y ont les mêmes droits que lui, qui comme lui, ſont appellés par le teſtament de leur aïeul, & qui n'ont pu être liés ni engagés par le fait de leur frere.

Auſſi le teſtament de Samuel-Jonas Lévi étant parvenu à la connoiſſance du Procureur du Roi au Bailliage, qui par ſon miniſtere eſt chargé de veiller à la conſervation des intérêts des mineurs; ce Magiſtrat ne s'eſt point mépris ſur le ſens de la diſpoſition par laquelle le teſtateur *avoit légué à ſa fille 25,000 livres, pour après ſon décès retourner à ſes enfans*, il a regardé cette clauſe comme une ſubſtitution fidei-commiſſaire bien exprimée, & a de ſuite donné ſon réquiſitoire le 8 janvier 1785, aux fins de faire ordonner l'établiſſement d'un curateur à la substitution, à la diligence duquel les formalités nécessaires pour lui faire opérer son effet seroient remplies; Me. Pécheur a été choisi pour en exercer les fonctions, il a pris avis, & après la résolution de ses Conseils, il a fait publier, registrer & insinuer le testament de Samuel-Jonas Lévi.

Le 3 février suivant, le curateur s'est adressé aux exécuteurs testamentaires pour leur demander compte de l'emploi qu'ils avoient dû faire de la somme de 25,000 livres, pour en assurer le retour aux descendans du testateur, après le décès de Rachel Lévi leur mere; il leur a dénoncé le testament, son acte d'établissement, la consultation qu'il avoit prise, ensemble l'acte de publication de la substitution, avec sommation à eux de réaliser la somme de 25,000 livres, pour être placée au profit des enfans de Rachel Lévi.

Les exécuteurs testamentaires n'ont pas été plutôt touchés de cet acte, qu'ils se sont portés pour appellans du décret d'établissement de curateur à la substitution & de tout ce qui avoit suivi, & ont fait intimer Me. Pécheur sur leur appel.

MOYENS.

Les différentes questions que la cause engage, se présentent d'elles-mêmes.

Samuel-Jonas Lévi a-t'il voulu substituer aux enfans de sa fille Rachel la somme de 25,000 livres qu'il lui a léguée?

Quels sont les motifs qui ont porté le testateur à conditionner ce legs?

La jurisprudence, les usages des juifs, l'acte de rappel de 1747, formoient-ils autant d'obstacles qui ne permettoient pas au testateur de substituer?

Enfin l'acceptation pure & simple du testament de Samuel-Jonas Lévi, par sa fille & son gendre, n'opere-t'elle pas contre eux une fin de non-recevoir qui les oblige à respecter une substitution dont ils ont eu la plus parfaite connoissance?

PREMIERE QUESTION.

Samuel-Jonas Lévi a-t'il voulu ſubſtituer aux enfans de ſa fille Rachel la ſomme de 25,000 livres qu'il lui a leguée ?

On convient avec Salomon-David Alphen que les ſubſtitutions ſont de droit étroit, qu'elles ne doivent pas ſe ſuppoſer, qu'on ne peut ſuppléer par des conjectures aux intentions du teſtateur, lorſqu'elles ne ſont pas par lui clairement exprimées, enfin que les ſubſtitutions ne ſont point favorables, parce qu'elles troublent & intervertiſſent le cours ordinaire des ſucceſſions, & mettent des entraves à la liberté de l'héritier ou du légataire obligé de rendre ce que la loi du ſang, ou la bienveillance du teſtateur lui avoient donné.

Si ces maximes ſont conſtantes, il faut auſſi avouer que ce ſeroit prodigieuſement gêner les teſtateurs que de leur interdire la faculté de diſpoſer ſucceſſivement d'une perſonne à une autre de leurs biens libres, ſi en même temps qu'ils leur a été permis de teſter, on ne leur avoit pas auſſi permis de ſubſtituer; auſſi le droit de teſter & celui de ſubſtituer, dérivent de la même ſource.

Samuel-Jonas Lévi a-t'il établi une ſubſtitution pour les 25,000 livres léguées à ſa fille Rachel? Tranſcrire la diſpoſition de ſon teſtament, c'eſt démontrer qu'il a eu intention, & qu'il a marqué cette intention de grever le legs fait à ſa fille.

Je donne à ma fille Rachel une ſomme de 25,000 livres, qui après ſon décès retournera à ſes deſcendans en ligne directe ſeulement, ſans que le préſent legs déroge à l'acte de rappel que je lui ai traduit le jour de ſon mariage.

Cette diſpoſition caractériſe une ſubſtitution fidéi-commiſſaire; le teſtateur en la dictant aux Notaires étoit tout à la fois occupé du ſoin de pourvoir aux intérêts de ſa fille, & à ceux de ſes petits-enfans.

Il vouloit que ſa fille eût pendant ſa vie la jouiſſance de

25,000 livres, & qu'après sa mort, cette somme passât dans la propriété de ses petits-enfans ; il léguoit donc à sa fille l'usufruit sa vie durante, & après son décès, le fonds, le capital de 25,000 livres aux enfans de sa fille.

La maniere de disposer du testateur forme une véritable substitution, *on appelle substitution ou fidéi-commis* (dit l'auteur des loix civiles, livre 5, titre III, section premiere, n°. 1.) *une disposition qui fait passer une succession, ou une partie, ou de certains biens, de la personne d'un héritier ou d'un légataire à un autre successeur, après le temps réglé par le testament.*

Toutes les parties de cette définition du fidéi-commis s'appliquent au testament de Samuel-Jonas Lévi ; il a voulu faire passer le legs qu'il a fait à sa fille, à ses descendans en ligne directe seulement, il a fixé l'époque du retour du legs, de la restitution qui devoit en être faite à ses petits enfans, au moment de la mort de sa fille.

Le testateur avoit-il le droit & la capacité de substituer, la chose léguée à sa fille ? étoit-elle susceptible de substitution ? c'est tout ce qu'on a à discuter.

Puisque Salomon-David Alphen invoque les loix de sa nation, Me. Pécheur peut bien s'en servir pour lui faire connoître que le testateur étoit bien autorisé à ordonner une substitution, l'art. premier du ch. 4 du titre VII, des coutumes des juifs, porte *que la seule substitution directe a lieu pour ainsi dire en Israel, qu'ainsi le testateur peut instituer qui bon lui semble, ou léguer à qui il juge à propos, à condition que si son institué meurt, un autre par lui nommé sera subrogé en son lieu & place.*

Si en formant leur code, les juifs s'en étoient tenus à cette régle, on ne pourroit que les louer d'avoir emprunté cette décision, soit des loix romaines, soit des loix françoises, mais par une singularité choquante, & qui prouve combien la compilation de leurs loix est imparfaite, c'est que par les articles 2 & 3 du même chapitre 4, ils détruisent le principe qu'ils posent sur la liberté qu'ont les testateurs de substituer.

Ils

Ils disent à l'article 2, *que les substitutions fideï-commissaires astreignent* autant que les directes, mais qu'elles n'astreignent pas celui qui a reçu les biens, soit comme héritier, soit comme légataire, à les conserver à celui qui est appellé après lui ; que le premier peut les vendre & les aliéner de son vivant, sans que l'acquéreur puisse en être inquiété par le substitué, que le grevé de substitution encoure seulement le blâme d'être contrevenu à la volonté de son bienfaiteur, & ne laissant pas un cours libre à sa disposition ; que cependant s'il conserve les biens substitués jusqu'à sa mort, ils passent après lui au substitué, sans qu'il puisse l'en priver par disposition à cause de mort.

Et l'article 3 dit, qu'un pere ne peut substituer fidéi-commissairement à son enfant ce qu'il lui laisse à titre d'institution ou de legs, & que de quelque substitution qu'il l'ait chargé, soit en faveur d'un autre enfant ou étranger, il a la liberté de disposer de tout, tant à la vie qu'à la mort.

Peut-on tomber dans une contradiction aussi frappante que celle que l'on vient de relever ? Comment les compilateurs des usages des juifs ne s'en sont-ils pas doutés ? Quoi ! par l'article premier du chapitre IV, ils donnent pour maxime qu'il est libre au testateur de substituer, & par les articles 2 & 3 ils donnent pour maxime, que le grevé de substitution peut disposer, aliéner de son vivant, les choses substituées, & que toute la grace qu'on peut faire au substitué, est de lui laisser prendre dans la succession du grevé la chose substituée si elle existe encore ; ils donnent pour maxime que le pere ne peut substituer à son enfant ce qu'il lui laisse comme héritier ou légataire, & que de quelque substitution il l'ait grevé, l'enfant a la liberté de disposer tant entre-vifs qu'à cause de mort ; les rédacteurs de loix aussi bizarres, aussi contraires les unes aux autres, auroient fait prudemment ou de ne pas parler de substitution, matiere qu'ils ignoroient, ou de les défendre sans exception.

Aussi Samuel-Jonas Lévi ne s'est pas reposé sur le testament qu'il avoit fait en langue hébraïque, il a conçu que pour assurer l'accomplissement de ses volontés, il falloit tester dans les formes prescrites par les loix civiles de la France ; il a fait venir deux

Notaires pour recevoir & rédiger ses dernieres dispositions, & c'est pardevant eux qu'il a dicté la disposition qui affecte d'une substitution la somme de 25,000 livres léguée à sa fille.

Voilà donc un fidei-commis que le testateur a soumis à nos usages, à nos régles, pour en assurer l'exécution, & ce seroit tromper sa prévoyance que de ne pas concourir à ce que la prudence lui a suggéré pour l'intérêt de ses petits-enfans.

Le testament en françois n'a fait d'ailleurs que confirmer celui qui avoit été fait en langue hébraïque, & s'il est constant que les actes postérieurs dérogent, amplifient ou restreignent les actes antérieurs, c'est essentiellement, en fait de testament, que cette vérité de droit a lieu.

Reprenons donc encore le testament rédigé en langue hébraïque, du 30 novembre 1777, on y voit comme dans le second, que le testateur entendoit faire passer à ses petits-enfans le legs de 25000 liv. fait à sa fille Rachel; *à ma fille Rechlé je donne de mes biens la somme de 25000 liv.; savoir, à elle & à ses descendans expressément, & non à ses héritiers....*

Il n'y a que deux manieres d'interpréter cette disposition, ou il faut admettre que le testateur léguoit la somme de 25000 liv. à sa fille & à ses descendans, en sorte que les enfans ainsi que la mere, devoient diviser entr'eux le legs, ou il faut admettre que le testateur instituoit en premier ordre sa fille, & après elle ses enfans; si le legs étoit fait conjointement à la mere & aux enfans, ceux-ci auroient été fondés à demander la délivrance de leur part & portion dans le legs qui étoit divisible par égalité, entre la mere & ses descendans.

Si on préjugeoit au contraire que l'incertitude, du nombre des descendans que laisseroit après elle Rachel Lévi, doit faire suspendre jusqu'à sa mort le partage de la somme de 25000 livres; dans cette seconde hypothese, si la mere a le droit de prendre le legs à elle fait, elle est tenue au moins de le conserver à ses descendans, pour le leur restituer à sa mort.

Ainsi le testament hébraïque porteroit encore substitution au profit des enfans de Rachel, & il est visible, que si le testateur ne s'en est pas tenu aux dispositions qu'il avoit faites en hébreu, c'est qu'il a voulu les expliquer plus nettement, sans ambiguité ni équivoque par le second testament rendu en langue françoise.

Ce n'est plus à la mere & aux descendans en ligne directe, que le pere legue les 25000 liv. c'est à la mere, *pour après son décès retourner à ses descendans en ligne directe seulement.....* Le testateur en s'exprimant ainsi dans l'acte rédigé en françois a fixé, on ne peut pas plus nettement, le sens de sa disposition.

Suivant le testament du 30 novembre, le legs portoit sur la mere & les enfans; suivant celui du premier décembre, c'est à la mere seule que le legs est fait directement, mais à la charge *de retour à ses enfans après son décès.*

S'il n'y avoit eu que le testament hébraïque, les enfans auroient eu le droit de demander après la mort de leur aïeul, leur part dans les 25000 livres, c'est le sentiment de Ricard dans son traité des substitutions, traité 3, chap. 8, section 2, partie premiere, nom. 556, *si le testateur a dit, JE DONNE A JEAN ET A SES ENFANS, il n'y pas de doute que les enfans sont compris dans la disposition aussi bien que leur pere.*

Simon-Salomon Alphen, n'auroit donc pas été si mal fondé dans la contestation qu'il avoit suscitée à ses pere & mere, lorsqu'il demandoit sa part dans le legs de 25000 livres, mais il auroit fallu qu'on n'eut pas à lui opposer le second testament, par lequel son aïeul ne lui donnoit droit sur la somme de 25000 livres, *qu'après le décès de sa mere*, il n'y avoit donc que le testament rédigé en françois, qui put écarter sa réclamation, puisque tant que la mere vivoit, elle seule devoit profiter de la rente du legs à elle fait, & cependant ses pere & mere ont si parfaitement conçu qu'il devoit participer un jour au legs de 25000 livres, qu'ils lui ont délivré un à compte de 3000 livres, qui seroient imputées à la suite sur sa portion dans le legs.

Le droit des enfans de Rachel Lévi ſur la ſomme de 25000 livres, eſt donc invinciblement aſſuré, ſoit par le teſtament hébraïque, ſoit par celui qui eſt en françois : & comme celui-ci eſt le dernier ouvrage du teſtateur, comme c'eſt celui qui a déterminé le ſens du premier, comme enfin, c'eſt par le ſecond, que le teſtateur a grêvé ſa fille de ſubſtitution, en lui appoſant la condition de rendre à ſes enfans la ſomme de 25000 livres après ſon décès, il eſt déja & plus que démontré, qu'on n'a pu ſe diſpenſer de nommer un curateur à la ſubſtitution.

Salomon-David Alphen a bien ſenti la force de la ſubſtitution; dans ſon mémoire, il s'eſt plus attaché à prouver qu'elle ne pouvoit opérer qu'à détruire ſon exiſtence.

Et d'abord, il a changé le titre du teſtament fait en hébreu le 30 novembre 1777; il a ſuppoſé que le legs de 25000 liv. étoit fait à Rachel Lévi, *ou* à ſes deſcendans, tandis que l'original porte : que ce legs eſt fait à elle *&* à ſes deſcendans; la différence entre une disjonction *ou* alternative & une conjonctive *ou* eſt du tout au tout.

La traduction dont ſe ſert Salomon-David Alphen, exprime le mot *ou*, celle de Me. Pécheur, porte le mot *&*, laquelle des deux eſt la plus exacte ? Salomon-David Alphen n'exigera pas ſans doute que l'on ajoute plus de foi à ſa verſion, que Me. Pécheur n'exige qu'on donne la préférence à la ſienne; mais en attendant que la minute du premier teſtament ſoit vérifiée par des experts verſés dans les deux langues, Me. Pécheur a eu recours aux connoiſſances du ſieur Dumay, juif converti, qui les poſſéde l'une & l'autre; voici le tranſlat littéral qu'il a fait du teſtament hébraïque.

A ma fille Rachel, je donne de mes biens la ſomme de 25000 livres, c'eſt-à-dire, à elle & à ſes deſcendans abſolument, & non pas à ſon héritier.

Et ce don de la ſomme de 25000 livres ci-deſſus que je lui augmente, ne dérogera pas à ſon acte de rappel que je lui ai paſſé lors de ſon mariage....

Je ſouſſigné certifie, avoir fidélement & correctement traduit les deux lignes ci-deſſus, qui ſe trouvent entrelignées dans le teſtament de Samuel-Jonas Lévi écrit en hébreu, à Metz le 26 avril 1786. Dumay.

Juſqu'à la vérification de la minute du teſtament de Samuel-Jonas Lévi, Me. Pécheur eſt fondé à ſoutenir, que les traducteurs juifs, ont cherché à favoriſer les exécuteurs teſtamentaires, en ſupprimant la particule *&*, pour lui ſubſtituer la particule *ou*, qui cadroit à leur ſyſtême.

On examinera dans ſon ordre la ſeconde exception de Salomon-David Alphen, qui ſe retranche dans l'acte de rappel donné à ſa femme, & auquel le teſtateur dans ſes deux teſtamens, a déclaré ne vouloir déroger; il ſuffit quant à préſent, d'avoir établi dans le droit comme dans le fait, 1°. que par le teſtament hébraïque, Salomon-Jonas Lévi aſſocioit au legs de 25000 livres, la mere & ſes deſcendans; 2°. que s'il a changé ſes premieres diſpoſitions, ce n'a été que pour donner à ſa fille la jouiſſance des 25000 livres pendant ſa vie, & que le fond étoit ſubſtitué à ſes deſcendans après ſa mort.

SECONDE QUESTION.

Quelles ſont les cauſes qui ont porté le teſtateur à conditionner ce legs?

La fortune de Samuel-Jonas Lévi, s'étoit conſidérablement élevée depuis 1747, temps auquel il avoit donné ſa fille à Salomon-David Alphen avec une dot de 15000 liv.

Les ſuccès qu'il avoit eu dans ſon commerce, l'engagerent non-ſeulement à confirmer l'acte de rappel qu'il avoit remis à ſa fille lors de ſon mariage, mais encore à augmenter ſes premieres libéralités par le don de 25000 livres, & comme il lui étoit libre de faire à ſa fille ce nouvel avantage, il lui étoit libre auſſi d'y apporter telle condition il jugeroit à propos.

Samuel-Jonas Lévi avoit médité les loix par leſquelles ſe gouverne la communauté des juifs.

Il avoit lu à l'article premier du chap. II, des droits ſucceſſifs du mari ſur les biens de ſa femme, *que le mari eſt généralement l'héritier de sa femme, & prend en cette qualité sa dot, son augment, & tous les autres biens à elle échus & obvenus à quelque titre que ce soit, aux restrictions portées par les articles suivans.*

Ce juif instruit a raisonné, s'est dit à lui-même, » après avoir » rempli à l'égard de ma fille tous les devoirs d'un pere, soit » en la dotant de la somme de 15000 livres, soit en lui assurant la somme de 30000 écus, ou une demi portion de mâle » au choix de mon fils, je suis quitte de tout envers elle, » mais si elle vient à prédécéder son mari, celui-ci peut ne rien » laisse à mes petits-enfans, la loi lui donne, à l'exclusion de » ses enfans, *la dot de ma fille, son augment de dot, & » généralement tous les autres biens à elle échus & obvenus, à quelque titre que ce soit*, que restera-t'il donc à » mes descendans? uniquement ce qu'il plaira à leur pere de leur » laisser.

» Mais s'il survit à sa femme, & s'il emporte tout sans exception, même le bénéfice de l'acte de rappel; dans ce cas, il » peut dissiper, il peut contracter un second mariage, & porter » dans une famille étrangere le fruit de mes longs travaux, de » mon industrie & de mes épargnes.

» Si je laisse à ma fille Rachel 25000 liv. de plus, & qu'elle » vienne à mourir la premiere, son mari survivant s'appropriera » encore, toujours en vertu de nos loix domestiques, cette somme » de 25000 livres que j'aurois néanmoins à cœur de faire passer » après le décès de ma fille à ses descendans en ligne directe » seulement, & non à l'héritier nécessaire que lui donnent nos » usages barbares aussi mal conçus que mal digérés, puisque nos » enfans ne peuvent même compter sur leur légitime; puisque » nous ne sommes obligés de pourvoir à leur nourriture que jusqu'à l'âge de 6 ans, & que passé cet âge, nous pouvons nous dispenser d'y subvenir.

» Et comment réparer l'injustice de nos coutumes, si ce n'est » en conditionnant le legs que je veux faire à ma fille de la » somme de 25000 livres; les intérêts de ce capital augmenteront son aisance, elle les partagera avec son mari pendant sa

» vie, mais du moins je ferai sûr que le fonds reviendra après sa » mort à mes descendans? » Ne faudroit-il pas renoncer à la raison, à la justice pour imaginer qu'une disposition aussi officieuse, aussi volontaire, aussi gratuite ne peut se soutenir? & Samuel-Jonas Lévi l'auroit-il faite, s'il avoit pu prévoir que son gendre voudroit encore avec la dot, avec la demi-part de mâle, arracher encore à la succession de son beau-pere la somme de 25000 livres, pour pouvoir en frustrer ses enfans, s'il survivoit à Rachel Lévi sa femme?

Après ces courtes réflexions peut-on encore demander compte des motifs qui ont déterminé le pere de famille à substituer le legs fait à sa fille, legs qu'il ne lui devoit pas, mais qu'en lui faisant, il étoit le maître de faire passer à ses descendans.

Par l'art. 16 du titre IV des coutumes des juifs, *il est libre à chacun de tester de ses biens comme bon lui semble, même d'avantager un enfant plus que l'autre à titre de legs ou de donation, & non d'hérédité....*

Il dépendoit de Samuel-Jonas Lévi de ne plus penser à Rachel sa fille dans les deux testamens: il étoit le maître de léguer directement à ses petits-fils la somme de 25000 livres & de priver sa fille de la jouissance des rentes, & parce que le testateur qui avoit déja fait pour elle tout & au-delà de ce que la nature & la loi pouvoient solliciter, a ajouté à ses bienfaits un nouveau bienfait, on argumentera & l'on dira qu'on n'a pu lui délivrer, ou plutôt à son mari les 25000 liv, & mépriser la substitution dont le legs étoit accompagné: la Cour ne souffrira pas qu'on fasse cette injure à la mémoire du testateur; on ne peut séparer le legs de la condition sous laquelle il est fait; ou il faut l'accepter avec sa charge, ou si l'on veut ne pas subir la substitution, il faut renoncer au legs.

TROISIEME QUESTION.

La ſubſtitution ordonnée par Samuel-Jonas Lévi, eſt-elle deſtructive de l'acte de rappel donné à ſa fille? eſt-elle contraire au régime des juifs? eſt-elle condamnée par l'ordonnance des ſubſtitutions, & par la juriſprudence?

Avant que de développer ces différens points, il faut entrer dans quelques explications préliminaires.

L'ordre des ſucceſſions parmi les juifs, eſt bien différent de celui qui eſt reçu parmi nous; ici les mâles & les femelles partagent également les ſucceſſions paternelle & maternelle, là au contraire, les mâles ſont les ſeuls héritiers déſignés par la loi, & les filles dotées n'ont rien de plus à prétendre ni à eſpérer du patrimoine de leur pere.

Mais comme la nature ſe fait entendre chez les juifs, ainſi que chez les peuples les mieux policés, & qu'elle ne diſtingue point entre les deux ſexes; les filles quoique dotées peuvent être rappellées par le pere à la moitié d'une part de mâle dans ſes meubles ſeulement, ce qui ſe fait par un acte qui doit en être donné lors de leur mariage, & qui doit être repréſenté à l'ouverture de leur ſucceſſion, à peine d'excluſion.....

La forme de ces actes de rappel eſt ſpécifiée, le pere ou la mere veuve, qui les donnent, doivent ſe reconnoître débiteurs d'une certaine ſomme envers leur fille qui ſe marie, & obliger leurs héritiers à la payer après leur mort, ou de lui donner part dans leurs ſucceſſions, ce qui ne va qu'à une demi-part dans le mobilier.

Samuel-Jonas Lévi a ſuivi à la lettre les réglemens de ſa nation; il n'avoit qu'un fils & une fille, & malheureuſement ſon fils n'étoit pas doué d'une intelligence aſſez étendue pour réuſſir comme ſon pere dans le commerce; il ne fut pas moins établi & doté largement; pour la fille, ſans compter la dot de 15000 livres

livres qu'elle apporta à ſon mari, ſes pere & mere lui avoient fait une reconnoiſſance de 30000 écus, qui devoit être ſoldée par l'héritier préſomptif, ſi mieux il n'aimoit lui délivrer la demi-portion de mâle.

L'effet d'un pareil acte conſiſte-t'il à gêner la liberté du pere qui l'a formé, au point de lui lier les mains & de l'empêcher de diſpoſer entre-vifs, ou à cauſe de mort, comme bon lui ſemble, d'une partie de ſes biens? Ce ſeroit une erreur de le penſer.

1°. Tout ce qui réſulte d'un acte de rappel, c'eſt que la fille rappellée à la ſucceſſion éventuelle de ſon pere, eſt aſſurée d'y prendre la moitié de la part d'un mâle, l'acte de rappel eſt une fiction par laquelle les pere & mere ſimulent une obligation au profit de leur fille d'une ſomme quelconque, qu'ils ſuppoſent avoir entre les mains à elle appartenant, & qui doit lui être payée une heure avant leur mort; ils ſtipulent l'obligation ſi forte que l'héritier à qui le choix eſt laiſſé, ou de l'acquitter, ou de donner à ſa ſœur une demi-portion de mâle, aime mieux lui délivrer cette demi-part, que de payer le montant de l'obligation, qui ſouvent excéderoit les forces de la ſucceſſion.

2°. L'acte de rappel n'a aucune reſſemblance avec les inſtitutions contractuelles; les formalités propres à ces différens actes n'ont aucun rapport; ils différent encore plus dans leur objet.

Une inſtitution contractuelle doit être faite par contrat de mariage public, duement inſinué, parce qu'elle contient une donation qui eſt irrévocable.

L'acte de rappel eſt un acte privé, qui n'eſt point reçu par des officiers publics, qui aient caractere pour leur donner l'authenticité & hypothéque; il n'eſt ſujet ni au contrôle, ni à l'inſinuation, ni à la publication, il eſt en langue hébraïque; ſon contenu demeure ignoré juſqu'au décès du pere, & ſi dans les contrats de mariage il en eſt parlé, c'eſt vaguement, ſans en détailler les diſpoſitions.

D'un autre côté, l'objet d'une inſtitution eſt de faire un héritier, & l'acte de rappel n'a pour but que de garantir à la fille rappellée une ſorte de légitime, puiſqu'elle ne peut être héritiere de ſon pere, lorſqu'il y a des mâles.

Il n'y a donc aucune analogie entre l'acte de rappel & l'institution contractuelle, & quand on en supposeroit, il ne s'ensuivroit pas que le pere qui a rappellé sa fille à sa succession, fut dans l'interdit d'aliéner de son vivant, & de faire des legs par son testament.

C'est une maxime constante qu'une institution contractuelle ne prive point l'instituant de la faculté de disposer entre-vifs, & à cause de mort, pourvu néanmoins que la disposition entre-vifs soit faite à titre particulier, & que celle à cause de mort n'emporte point institution.

Quelques lignes du commentaire du savant Dumoulin sur quelques coutumes du royaume, sont les seules autorités que Me. Pécheur empruntera.

Il dit sur celle de Nivernois, *Si donatio est universalis, vel quotæ successionis non impedit, quia titulo particulari donator disponere possit intra vivos, vel in testamento, aliàs quam per institutionem.*

Sur celle de Bourbonnois, *Non impeditur quædam particularia legata manente institutione.*

Et sur celle d'Auvergne, *Non ergo potest dare cohæredem etiam particularem, nisi ut legatarium vel donatarium certæ rei.*

Argou, dans ses institutions au droit françois, tom. 2, liv. 3, ch. 15, ne fait que traduire Dumoulin ; » Quoique les » institutions contractuelles soient irrévocables, elles ne lient pas » les mains à celui qui les fait, & ne l'empêchent pas de » vendre, aliéner, ou même de donner entre-vifs quelque por- » tion de ses biens, pourvu que la donation ne soit pas uni- » verselle, & qu'elle ne soit pas faite en fraude de la conven- » tion, car l'institution d'héritier n'a son effet que sur la suc- » cession, en l'état qu'elle se trouve lors du décès de l'ins- » tituant. »

L'acte de rappel, eût-il le même caractere, le même privilege que l'institution contractuelle, ne laissoit donc pas moins à Samuel-Jonas Lévi la liberté de faire par son testament des legs particuliers ; pourvu qu'il n'eut point institué à titre universel, d'autres héritiers que ceux que la loi lui permettoit de choisir, les legs, les donations particulieres qu'il faisoit à cause de mort n'étoient pas moins valables.

Si des régles observées en France, on passe aux usages des juifs, on trouve par-tout des preuves de la liberté qu'a chacun de tester de ses biens comme bon lui semble; l'art. 16 du chap. premier du tit. IV » laisse aux juifs le pouvoir le plus ample » même d'avantager un enfant plus que l'autre à titre de legs » ou de donation, & non d'hérédité, la qualité d'héritier ne pou- » vant se déférer à ceux que la loi n'y appelle pas. »

L'art. 14 du chap. 3 du tit. VII dit positivement » qu'on » peut être héritier ou légataire tout ensemble, en sorte qu'un » pere peut léguer une somme à l'un & une somme à l'autre, » & en outre instituer l'un d'iceux son héritier universel ou pour » autant qu'il veut, & que n'ont plus rien à prétendre ceux qui » sont réduits à la qualité de légataire, que le legs qui leur est » fait. »

Les loix judaïques respirent par-tout la liberté, & s'il en étoit autrement, il arriveroit qu'un pere qui auroit doté son fils, qui auroit doté sa fille, & lui auroit promis la demi-part de mâle, ne seroit plus le maître de faire aucun acte entre-vifs ni testamentaire, ce qui n'est pas proposable.

Il faut donc déja conclure que d'après les loix des juifs un acte de rappel n'est point un obstacle à toutes les dispositions qu'un pere peut faire à titre particulier, de donation ou de legs.

Le droit de l'héritier en Israël est la part entiere pour les mâles, & pour les femelles la demi-part de mâle lorsqu'elles sont rappellées à la succession; la succession ne peut être composée que de la rémanence, après les dettes, les legs & les donations particulieres acquittés, c'est sur ce qui reste que les mâles & les filles doivent prendre leur portion héréditaire, telle qu'elle est fixée & par la coutume, & par l'acte de rappel.

Les deux testamens de Samuel-Jonas Lévi fournissent la preuve la moins équivoque, qu'il lui étoit libre de faire des legs, des donations particulieres qui devoient être prélevés par préférence à tous sur son hoirie.

Ne donne-t'il pas par le premier 50000 livres aux six enfans de son fils qui sont chargés d'en payer la rente à 5 pour cent à leur pere ?

Ce qu'il pouvoit faire pour les enfans de son fils, son héritier présomptif pour la portion de mâle, il a bien pu le faire pour sa fille, héritiere de la demi-portion de mâle, toute la différence qu'il y a entre le legs de 50,000 & celui de 25000 livres, c'est que le testateur, quoiqu'il aimât son fils, connoissant la foiblesse de son esprit, & son incapacité pour l'administration de son bien, a légué directement les 50,000 livres à ses petits-enfans qu'il a chargés d'en payer la rente à leur pere, au lieu qu'il a légué directement à sa fille Rachel les 25000 livres portées par son testament, mais à la condition de les restituer après son décès à ses descendans.

Le testateur a observé l'égalité légale entre ses deux enfans; tous deux ont été dotés; tous deux étoient héritiers présomptifs de leur pere, le mâle pour une portion entiere, la fille pour une demi-part en vertu de l'acte de rappel, & pour ne pas s'écarter de la lettre des constitutions juives, s'il préfere de donner les 50000 livres à ses petits-enfans, parce qu'il se défioit du peu d'entendement de son fils dans les affaires, & s'il les oblige à en payer l'intérêt à 5 pour 100 à leur pere, il ne pourvoit pas moins au sort des enfans de sa fille, & en lui léguant 25000 livres qui ne faisoient que moitié du legs de 50000 liv. il assure à ses petits-enfans le retour de cette somme après son décès.

Le legs de 25,000 livres ne donnoit pas plus d'atteinte à l'acte de rappel auquel le testateur ne prétendoit point déroger, que celui de 50,000 livres n'en donnoit à la qualité d'héritier présomptif de son fils ; celui-ci a pris dans la succession de son pere la double part, & Rachel celle qu'elle devoit prendre en conséquence de son acte de rappel.

Les exécuteurs testamentaires conviennent que la succession a fourni abondamment à l'accomplissement de toutes les obligations & aux dernieres dispositions du testateur; l'inventaire la fixe à plus de 300,000 livres.

Sur cette masse on a payé les charges de la succession, les legs qui ont été considérables, un entr'autres de 24000 livres au profit de la communauté des juifs; les 50000 livres données aux enfans de Garçon Lévi son fils, les 25000 livres léguées à Rachel Lévi; ce n'est pas tout, on a satisfait à tout ce que le testateur avoit prescrit par des actes hébraïques de 1767, 1774, & 1776, qui étoient confirmés par ses deux testamens, & c'est après tous ces prélevemens que le résidu de la succession a été partagé entre le frere & la sœur, les deux tiers pour l'un, le tiers pour l'autre.

Si l'acte de rappel faussement comparé à une institution contractuelle avoit tellement affecté les biens de Samuel-Jonas Lévi qu'il ne lui eut pas été permis de disposer, de faire des donations ni des fidéi-commis, dans ce cas, les enfans de Garçon Lévi n'avoient pas plus de droit aux 50000 livres, qui leur ont été léguées, que Rachel Lévi aux 25000 dont son pere l'a gratifiée; dans ce cas, la communauté des juifs devroit rapporter les 24000 livres dont le testateur lui a fait don: mais si toutes les dispositions du testateur ont été fidélement exécutées, ce n'a été & pu être que parce qu'il avoit la capacité & le pouvoir de distribuer son bien comme il vouloit, ce n'a été & pu être que parce que l'acte de rappel ne pouvoit & ne devoit point l'arrêter; pourquoi donc en léguant à sa fille 25000 liv., ne lui auroit il pas été permis de les substituer à ses petits-enfans.

Les exécuteurs testamentaires ont fait leurs efforts pour rapprocher à l'espece l'arrêt rendu par la Cour, dans la contestation qui s'est élevée l'année derriere sur le testament du sieur Vigneron de Braqui; mais ce rapprochement est forcé, & le préjugé sans application.

Le sieur de Braqui avoit deux filles; en mariant la cadette, il avoit promis par le contrat de mariage, de ne pas avantager l'une plus que l'autre.

Cependant, par son testament, en donnant la moitié de sa succession à son petit-fils, qui représentoit la dame sa mere, qui étoit décédée, il l'avoit grevé de substitution au profit de la dame de Moranville sa tante, & de ses enfans.

Le ſieur de Vaucourt, tuteur de ſon petit-fils, a attaqué le teſtament, en ce qui concernoit la ſubſtitution, & a fait connoître que l'égalité qui avoit dû régner entre les deux ſœurs, étoit violée, en ce que le petit-fils du teſtateur, enfant de la dame de Vaucourt, venant à décéder, tous les biens maternels qu'il délaiſſeroit, devoient paſſer à ſa tante & à ſes couſins, tandis qu'il n'en étoit pas de même pour la dame Petit de Moranville & ſes enfans, qui n'étoient point, en cas de décès, grevés de ſubſtitution au profit de l'enfant mineur du ſieur de Vaucourt.

N'y ayant point de réciprocité entre les deſcendans du ſieur de Braqui, la ligne des Petit de Moranville ayant été préférée à celle des Vaucourt; par l'arrêt qui eſt intervenu, la Cour a préjugé que la ſubſtitution étoit nulle & ne devoit opérer aucun effet, parce que le ſieur de Braqui étoit contrevenu à la loi qu'il s'étoit faite par l'acte de mariage de la dame de Vaucourt, de ne pas avantager l'un de ſes enfans plus que l'autre, en établiſſant une ſubſtitution au profit d'un de ſes enfans, ſans en établir une ſemblable au profit des deſcendans de l'autre.

Quelle différence du cas particulier où nous ſommes! Le teſtateur a obſervé entre ſes enfans la juſte égalité que les mœurs des juifs ont fixée; il prive ſon fils Garçon Lévi de la propriété des 50000 livres qu'il lègue à ſes enfans; il prive également Rachel Lévi de la propriété diſponible des 25000 livres qu'il lui donne; les enfans de ſon fils ſont légataires des 50000 livres; mais il faut qu'ils en paient la rente à leur pere; Rachel Lévi, au contraire, a la jouiſſance pendant ſa vie des 25000 livres, mais à ſa mort ſes deſcendans doivent la trouver dans ſa ſucceſſion.

La condition des deux enfans du teſtateur eſt donc identiquement la même; & ſi Garçon Lévi n'a pas cru avoir ſujet de ſe plaindre de ce que ſon pere l'avoit dépouillé des 50000 livres, dont il avoit fait le don à ſes enfans à ſon préjudice, pourquoi Rachel Lévi ſe plaindroit-elle d'être grevée de ſubſtitution, qui tranſmet à ſes enfans la propriété du capital des 25000 livres?

Mais, (diſent les appellans) les loix des juifs permettent les ſubſtitutions directes & non les ſubſtitutions fidéi-commiſſaires; & en cas que le teſtateur auroit ordonné un fidéi-commis, celui qui en feroit grevé, n'auroit à craindre que le blâme d'avoir manqué à la volonté de fon bienfaiteur; mais le fubftitué n'auroit contre lui aucune action pour revendiquer l'objet du fidéi-commis.

Déja on a fait connoître la contradiction qui régnoit entre les difpofitions de la loi des juifs en matiere de fubftitution; puifqu'après avoir admis les fubftitutions directes, puifqu'après avoir dit que *les fubftitutions fidéi-commiffaires operent autant que les directes*, elles réduifent cette décifion en laiffant à l'héritier fubftitué ou au légataire, la liberté de difpofer de la chofe grevée de fubftitution.

Mais nous fommes plus avancés; quel eft le genre de difpofitions faites par Samuel-Jonas Lévi, à fa fille par fes deux teftamens? une donation de 25000 livres, qui après elle doit retourner à fes defcendans: or, les donations, chez les juifs, font fufceptibles du fidéi-commis; il y a deux fortes de donations, l'une faite fous condition, & qui laiffe au donataire la liberté de faire ce qu'il veut de la chofe à lui donnée; l'autre eft la donation faite à charge de reftituer la chofe donnée à un fecond donataire, & dans ce cas, la loi des juifs répete ce qu'elle a dit fur les fubftitutions fidéi-commiffaires, c'eft-à-dire, que le fecond donataire ne peut revendiquer contre les tiers acquéreurs la chofe donnée, fi elle n'eft plus en la poffeffion du premier donataire.

Il en eft autrement lorfque la premiere donation a été faite pour un temps limité, & feulement pour la vie du premier donataire; alors, le premier donataire ne peut jouir de la chofe donnée, il ne peut en difpofer au préjudice du fecond donataire, il eft tenu de la conferver à fes héritiers qui ont action contre les tiers acquéreurs, pour revendiquer ce qui devoit leur être rendu; c'eft ce qui eft formellement ftatué par l'article 38, du titre XIV des donations parmi les juifs; il s'explique ainfi.

ART. 38.

Ce qui eft porté par l'article précédent n'a pas lieu, fi la premiere donation n'a été faite que pour un temps limité & pour le cours de fa vie, alors le fecond appellé peut le revendiquer contre des tiers acquéreurs ; le premier étant censé n'avoir eu que l'usufruit, & non la propriété des choses données ; la revendication a pareillement lieu, si le premier donataire a disposé des biens donnés par vente, par donation ou autrement en faveur de ceux qui ont droit de succéder & d'être ses héritiers, fut-ce entre-vifs, & s'il en a disposé à cause de mort ou au profit de tous autres que de ses héritiers, la disposition est également nulle, & le second appellé après lui, a droit de les revendiquer.

Appliquons ces dispositions de la loi ; comment Samuel-Jonas Lévi s'est-il expliqué par ses deux testamens ? *Je donne* (dit-il) dans l'un comme dans l'autre, *à ma fille Rachel Lévi, la somme de 25000 liv.*

Dans le premier, *c'est-à-dire, à elle & à ses descendans ;* dans le second, les 25000 liv. données, *doivent retourner après son decès à ses descendans.*

Voilà deux donataires, la mere & ses descendans, voilà un temps limité pour la vie de la mere, & n'est qu'une jouissance qui lui est donnée ; après sa mort, les seconds donataires doivent recueillir les choses données ; c'est dans ce cas d'une premiere donation faite par un temps limité, & pour le cours de la vie du premier donataire, que le second appellé peut revendiquer la chose donnée contre les tiers-acquéreurs, & que la disposition faite au préjudice des seconds donataires, est radicalement nulle.

Que les appellans si bien initiés dans la législation judaïque, daignent nous apprendre comment il est possible que les substitutions fidéi-commissaires, n'aient pas lieu dans les institutions d'héritier aux parts de légataires, & qu'elles aient lieu pour les donations ; le contraste est frappant.

Si à l'exemple des juifs nous devons nous attacher plus à la lettre qu'à l'esprit de la loi ; si la communauté est jalouse de l'exécution rigoureuse de ses constitutions, on se réunit volontiers à son opinion, & l'on dit, que Samuel-Jonas Lévi a fait à sa fille une donation de 25000 liv., qu'il l'a faite pour un temps déterminé, pour le cours de la vie de la premiere donataire,

taire, qu'elle ne devoit avoir que l'usufruit des 25000 liv.; qu'il y avoit des seconds donataires appellés après elle, que ces seconds donataires sont ses descendans; conséquemment que Me. Pécheur a dû en sa qualité réquerir les exécuteurs testamentaires, de pourvoir à l'emploi solide de ces 25000 liv., qui après le décès de Rachel Lévi, doivent revenir à ses enfans.

Il reste encore un moyen des appellans à débattre, Samuel-Jonas Lévi ne s'est point conformé par son testament à l'ordonnance des substitutions, art. 5, du titre IV.

Elle défend *de changer les meubles d'aucune substitution particuliere qu'au cas, qu'il auroit été expressément ordonné par l'auteur de la substitution, qu'il seroit fait emploi des deniers comptant, ou de ceux qui proviendroient de la vente ou du remboursement des meubles, droits & effets mobiliers.*

Samuel-Jonas Lévi a manqué à la loi, en ce que pour valider la substitution des 25000 liv., il n'a point ordonné l'emploi de cette somme.

Pour faire tomber cette objection, il y a deux réponses, l'une tirée de l'ordonnance même, qui n'applique la nécessité d'ordonner l'emploi que dans le cas d'une substitution particuliere de certains meubles, droits & effets mobiliers; dans l'hypothese d'une semblable substitution, elle deviendroit caduque, si le testateur n'avoit pas ordonné l'emploi du prix des meubles, argent & effets mobiliers, après la vente ou le recouvrement qui en seroient faits.

Il ne s'agit pas ici d'une substitution universelle, qui comprend les meubles, l'argent comptant, les dettes actives du testateur, mais la donation tombe taxativement sur une somme de 25000 liv., ainsi l'ordonnance n'est point appliquable à notre contestation.

Il y a plus, & dans le fait le testateur a scrupuleusement suivi notre ordonnance, il n'y a qu'à lire son testament du 4 décembre 1777, on y lit *que les exécuteurs testamentaires sont expressément chargés de faire l'emploi de l'actif de sa succession à fur & à mesure de la rentrée des fonds qui la composoient, au paiement des legs & charges de la succession.*

En vain encore on a voulu comparer les clauses des deux testamens de Samuel-Jonas Lévi, aux stipulations ordinaires des contrats de mariage qui réservent, ou la totalité, ou partie de la dot, ainsi que des successions à éclore à la future épouse, aux siens & à ceux de son estoc, côté & ligne.

On nous a dit que par la même raison, 1°. pareilles stipulations n'induisent point substitution; 2°. que la réserve ne doit opérer qu'une fois en faveur, ou de la femme, ou si elle est décédée en faveur de ses enfans, ou à défaut d'enfans au profit des parens de la ligne, & que cette réserve ne peut pas s'appliquer successivement dans les trois cas; par la même raison, la vocation de Rachel Lévi & de ses enfans, *ou* de ses enfans au legs de 25000 livres, supposoit que si elle venoit à décéder avant son pere, le legs appartiendroit à ses enfans; mais que comme elle lui avoit survécu, & qu'elle avoit recueilli le legs, la réserve étoit consommée, & que ses enfans n'y avoient plus aucun droit.

Combien de solutions Me. Pécheur peut donner à cet argument.

1°. Peut-on assimiler un testament à un contrat de mariage? la forme, le style & les dispositions de ces deux sortes d'actes sont si différens, qu'on ne peut adopter aux uns les régles propres aux autres.

2°. On avoue que si le testateur avoit legué à sa fille 25000 livres, pour lui être réservé propres, à elle, aux siens & ceux de son estoc, côté & ligne, il ne résulteroit de cette maniere de disposer aucun fidéi-commis.

On ajoute encore, qu'il suffiroit que Rachel Lévi eut survécu à son pere, & eut reçu son legs pour faire tomber la réserve, puisqu'elle auroit opéré tout l'effet qu'on devoit s'en promettre.

Mais il ne s'agit point ici d'une réserve, les deux testamens optent des dispositions directes.

Par l'un, les 25000 livres sont données à la mere & à ses descendans.

Par l'autre, les 25000 livres sont données à la mere, pour après son décès retourner à ses descendans en ligne directe seulement.

On a prouvé par l'autorité de Ricard, quelorsque le legs étoit fait copulativement au pere & aux enfans, les enfans étoient compris dans la disposition, & devoient partager le legs avec leur pere, & en partant de là, on a conclu que d'après le testament hébraïque les enfans de Rachel Lévi (s'il étoit le seul acte à consulter) auroient été fondés à prendre part aux 25,000 livres.

On a prouvé dans le droit, que toutes & quantes fois l'hérédité ou la chose léguée par un testament devoit passer de l'héritier ou du légataire dans le temps fixé par le testateur à un successeur par lui désigné, il y avoit fidéi-commis, ainsi il n'en est pas d'une substitution comme d'une réserve portée par un acte de mariage, puisque par l'une les substitués ont un droit acquis, & que par la réserve les enfans ou les parens de l'estoc, côté & ligne, n'ont qu'un droit éventuel aux biens qui tombent dans la réserve.

On va plus loin, & pour donner un exemple plus simple & plus juste, on suppose qu'un pere donne à sa fille par contrat de mariage 10,000 livres, & que, par une stipulation précise, il ajoute que cette somme de 10,000 livres, après le décès de la future épouse, retournera à ses enfans; on demande si dans cette hypothese on résisteroit un moment à décider que la somme de 10,000 livres fut substituée?

Il ne faut pas confondre la réserve avec le retour; la réserve n'a pour objet 1°. que de faire des propres de communauté des biens réservés, 2°. d'exclure le mari de la succession de ses enfans dans les choses réservées.

Mais il n'en est pas de même de fidéi-commis; le légataire ou l'héritier est tenu de rendre à la personne tierce choisie par le testateur, le legs qui lui est fait, il ne lui est pas libre d'en disposer, il n'a que la jouissance, & le fonds appartient déja au substitué.

Si Samuel Jonas Lévi, en faisant ses deux testamens, n'avoit voulu appeller ses petits-enfans pour recueillir les 25,000 livres, qu'au cas que leur mere seroit décédée avant lui, il n'auroit pas manqué d'expliquer difertemment fon intention, foit dans le premier des deux teftamens, foit dans le dernier; il n'a pas prévu le cas, & comment l'auroit-il prévu ? il étoit parvenu à un âge extrêmement avancé, il étoit malade, alité, & c'eft quatre jours avant fa mort qu'il a tefté, il prévoyoit fort que fa fille lui furvivroit, & il étoit bien éloigné de fuppofer qu'elle mourroit avant lui.

Me. Pécheur le répéte, & les teftamens écrits le prouvent, Samuel-Jonas Lévi vouloit avantager fa fille au-delà de ce qui devoit lui revenir de fon acte de rappel, & il ne vouloit pas que fi fa fille venoit à mourir la premiere, que Salomon-David Alphen fon mari, emportât, comme fon héritier, tout ce qui auroit appartenu à fa femme, & cette confidération étoit affez forte pour lui faire prendre le parti de fubftituer à fes petits-enfans la fomme de 25,000 livres, puifqu'ils feroient au moins sûrs de profiter de cette libéralité.

DERNIERE QUESTION.

L'acceptation pure & fimple du teftament de Samuel-Jonas Lévi par fa fille & fon gendre, n'opere-t'elle pas contre eux une fin de non-recevoir qui les oblige à refpecter une fubftitution dont ils ont eu la plus parfaite connoiffance ?

Le teftateur connoiffoit l'état de fes affaires lorfqu'il léguoit à fa fille les 25,000 livres, pour après fon décès retourner à fes defcendans, fans déroger à l'acte de rappel qu'il lui avoit traduit lors de fon mariage, il étoit sûr que fa fucceffion, prélevement fait de montant du legs, procureroit encore de quoi former la demi-part du mâle, ainfi rien ne pouvoit l'empêcher de fubftituer les 25,000 livres à fes petits-enfans.

Cette fubftitution ne pouvoit échapper à quiconque liroit le teftament du premier décembre 1777, qui ne fait qu'interpréter celui du 30 décembre.

Salomon-David Alphen & sa femme ont été présens à la lecture & publication du testament qui ordonnoit le fidéi-commis, & tous deux en l'acceptant, en déclarant qu'en ce qui les concernoit, ils consentoient à son exécution suivant sa forme & teneur, sont non-recevables à le quereller.

Quand on supposeroit (ce qui n'est pas) que le testament est contraire à la loi des juifs, il ne subsisteroit pas moins, parce qu'il a été accepté sans aucune réserve, sans aucune protestation.

Dans la coutume de Metz, il n'est pas permis de disposer des biens de *très-fonds,* encore moins de les substituer; cependant si un testateur dispose de son immeuble de *fonds* ou le substitue, & si l'héritier acquiesce à son testament, il est lié par son acquiescement, & il ne lui est plus permis d'invoquer la coutume qui rend les *très-fonds* indisponibles; c'est alors moins à la disposition du testament qu'on s'arrête qu'au consentement donné par l'héritier à ce qu'il fût exécuté, le légataire tient alors son legs plutôt de la volonté de l'héritier, que de celle du testateur.

Qu'un pere exhérede son fils, qu'il ne lui laisse pas même sa légitime, si le fils accepte le testament de son pere, & s'il n'a point de créanciers qui exercent ses droits, l'exhérédation doit subsister.

Il en seroit de même au cas particulier, quand on admettroit que Samuel-Jonas Lévi n'étoit pas le maître suivant le code des juifs de substituer les 25,000 livres; on diroit à Salomon-David Alphen, la substitution est expresse, elle est formelle, vous vous y êtes soumis, il est libre à quiconque de se déporter de son privilege, de renoncer à ses droits, *volenti non fit injuria,* vous & votre femme, vous êtes donc non-recevables à attaquer un testament au pied duquel se trouve votre acceptation.

Qu'on ne dise pas que les loix civiles ne doivent influer en rien sur un testament public, reçu par des officiers institués, pour faire foi de la vérité des dispositions qu'il contient.

Lorsque la communauté des juifs présenta à la Cour le recueil de ses usages en 1743, M. Lançon fut chargé de leur examen, & dans les notes qu'il fit pour leur réformation, il observa au titre des donations, à l'article 103, *que l'on devoit ſuivre en ce qui concernoit la nature, la forme, les charges & conditions des donations entre-vifs, les diſpoſitions de l'ordonnance des donations du mois de février 1731.*

Sur l'article 107, *que les teſtamens publics & les teſtamens olographes étoient les ſeuls qui puſſent être admis depuis l'édit du mois d'août 1735.*

Dans le temps de ces annotations qui ſont de l'année 1742, l'ordonnance des ſubſtitutions n'étoit point encore intervenue, & ſi elle avoit été promulguée, ce profond Magiſtrat n'auroit pas manqué de remarquer au titre des ſubſtitutions des coutumes des juifs, qu'il falloit, parmi eux comme parmi nous, pour valider une ſubſtitution, ſe conformer aux diſpoſitions de l'ordonnance de 1747.

Samuel-Jonas Lévi n'ignoroit pas que s'il ſe contentoit de faire ſon premier teſtament en langue hébraïque, il n'auroit pas dans les Tribunaux ordinaires la même autorité, la même prépondérance qu'il pourroit avoir au Tribunal de ſa nation; c'eſt ce qui l'a porté à conſigner ſes dernieres volontés dans un acte public revêtu de toutes les formes preſcrites par nos ordonnances.

Ce teſtament exiſte, il ordonne la ſubſtitution de 25000 liv. léguées à Rachel Lévi; elle & ſon mari y ont acquieſcé ſans condition, ſans proteſtation; il doit donc être accompli dans tout ſon contenu.

Il n'eſt pas néceſſaire qu'un teſtateur, pour établir un fideicommis, ajoute la prohibition d'aliéner, c'eſt aſſez que ſon intention de faire paſſer ſa ſucceſſion ou partie de ſa ſucceſſion de l'héritier ou du légataire, à un tiers, ſoit diſtertement exprimée: or, rien n'eſt plus évident que cette intention dans l'acte du premier décembre 1777; il étoit donc ſuperflu de la faire accompagner de la défenſe d'aliéner.

Dans le droit, *la prohibition d'aliéner ſans cauſe & par elle-même, n'induit point le fidéi-commis;* c'eſt encore une maxime de Ricard dans ſon traité des ſubſtitutions: d'ailleurs, ſi le teſtateur avoit défendu d'aliéner la ſomme de 25000 livres, il ſe ſeroit ſervi de termes impropres, l'aliénation ne pouvant s'entendre que d'immeubles qui feroient compris dans une fubftitution, & non d'une fomme léguée, payable en argent comptant.

C'eft encore une autre erreur de croire que la fubftitution des 25000 livres, eft contraire à l'article 5 du titre IV de l'ordonnance des fubftitutions : oui, fans doute, elle le feroit, fi le teftateur avoit fubftitué les meubles, les dettes actives, & n'avoit pas ordonné l'emploi des fommes qui en proviendroient ; mais ce ne font ni des meubles, ni des denrées, ni des effets mobiliers dont le teftateur a difpofé ; fa difpofition ne comprend qu'une fomme de 25000 livres, dont le curateur à la fubftitution aura foin de faire l'emploi, pour en procurer la rente à Rachel Lévi, & le fonds revenir en propriété à fes enfans après fon décès.

De quelque maniere que Samuel-Jonas Lévi ait difpofé, on ramenera toujours fa fille & fon gendre à l'acceptation pure & fimple qu'ils ont faite de fes dernieres volontés ; c'eft une barriere qu'ils ne peuvent franchir.

Qu'importe à Me. Pécheur que Simon-Salomon Alphen ait commencé une conteftation avec fes pere & mere, fur la queftion de favoir s'il devoit partager avec eux la fomme de [illegible] livres ; cette épifode eft fans conféquence dans la caufe.

1°. Me. Pécheur n'eft ni tuteur ni curateur de Simon-Salomon Alphen, il eft curateur à la fubftitution exprimée au teftament de Jonas Lévi.

2°. Simon-Salonmon Alphen a des freres & fœurs intéreffés à cette fubftitution, qui n'ont point figuré avec lui lors du procès qu'il a fufcité à fes pere & mere.

Enfin, tant s'en faut que la tranfaction qu'il a faite avec eux, foit une preuve que la fomme de [illegible] livres eft dégagée de toute fubftitution ; Me. Pécheur oppofe lui-même cet acte à Salomon-David Alphen & à fa femme, pour juftifier qu'ils ont reconnu la fubftitution, malgré les efforts qu'ils ont faits pour l'anéantir.

Seroit-il poffible, après la difcuffion des moyens de Me. Pécheur, & la réfutation de ceux des adverfaires, de balancer un moment fur la confirmation du teftament de Samuel-Jonas Lévi ? Qu'on ne s'y trompe pas, c'eft moins l'intérêt des parties qui a fait naître le problême, que la fermentation qui s'est faite dans l'esprit de quelques chefs de la communauté des juifs.

Ils ont regardé Samuel-Jonas Lévi comme un novateur, pour avoir ordonné un fidei-commis de la même nature, dans la même forme qu'ils sont établis parmi nous.

Ils veulent bien admettre les substitutions, mais ils voudroient en même temps conserver au grevé la faculté d'aliéner, de disposer au préjudice du substitué.

Ils consentent volontiers que les substitués reprennent dans la succession du grevé, ce qui peut encore rester de la substitution, s'il s'en trouve; mais ils ne prétendent pas que l'héritier du grevé soit recherché pour représenter en entier le fidei-commis.

C'est-à-dire, que quelques membres de la communauté, jaloux de maintenir leurs usages, tout défectueux, tout informes qu'ils soient, craignent une réformation, dont cependant la nécessité se fait sentir toutes les fois qu'on a à discuter leurs constitutions.

Il est temps de ramener cette colonie d'étrangers indociles, & qui chérit d'autant plus son ignorance, qu'elle tient à sa religion, à des maximes plus saines: si la génération actuelle gémit de ce choix, la postérité se réjouira de n'être plus gouvernée par des loix, plus faites pour des esclaves que pour des hommes libres, & elle partagera avec les régnicoles le précieux avantage d'être gouvernée par une sage législation.

Changement, leur

M. COLLIN, *Substitut.*

Me. PAQUIN, *Avocat.*

Me. LEMAIRE, *Procureur.*

Arrêt du 8 May 1786. [illegible]

A METZ, de l'Imprimerie de J. B. COLLIGNON. 1786.

[illegible]

www.ingramcontent.com/pod-product-compliance
Ingram Content Group UK Ltd.
Pitfield, Milton Keynes, MK11 3LW, UK
UKHW020513230726
13925UKWH00005B/2152